THÉATRE DE BADE

LE FAVORI
DE LA
FAVORITE

COMÉDIE EN DEUX ACTES ET EN PROSE

PAR

MM. VILLEMOT & P. SIRAUDIN

Représentée dans les salons de M. Benazet, à Baden-Baden, le 2 septembre 1859.

PARIS
LIBRAIRIE NOUVELLE
BOULEVARD DES ITALIENS, 15

A. BOURDILLIAT ET Ce, ÉDITEURS

1860

PERSONNAGES

LE VICOMTE DE CHANTELOUP.............. MM RÉGNIER.
LE CHEVALIER DE LANSAC................. BRESSANT.
LE BARON D'ANTIGNAC...................... RIQUIER.
MADEMOISELLE SABINE D'ANTIGNAC........ Mlle D. FIX.

LE FAVORI DE LA FAVORITE

PREMIER ACTE

L'antichambre de madame du Barry à Versailles. — Table et fauteuils.

SCÈNE PREMIÈRE.

D'ANTIGNAC, SABINE.

SABINE.

Me direz-vous, mon oncle, pourquoi vous m'avez amenée encore ici... aujourd'hui à Versailles?... Voilà quinze jours que nous ne quittons pas cette antichambre.

D'ANTIGNAC.

Je vous amène pour faire votre cour au soleil levant, à la nouvelle favorite, à madame la comtesse du Barry, la dispensatrice des grâces sur la terre.

SABINE.

En effet, je ne lui crois pas grand crédit dans le ciel.

D'ANTIGNAC.

Ceci est une question réservée Soyons de notre temps. Nous sommes en 1769, à la cour de Louis XV, le bien-aimé, en plein Olympe païen, adorons les divinités et ne les discutons pas. Vous êtes, ma chère nièce, atteinte de ce mal de l'époque qu'on appelle l'esprit d'examen. Vous discutez tout jusqu'au mari que je veux vous donner. Vous plairait-il de me dire quelle objection vous avez contre le vicomte de Chanteloup ?

SABINE.

Aucune. Le vicomte n'est pas assez laid pour s'en faire une originalité; il n'est pas assez sot pour se distinguer des autres.

D'ANTIGNAC.

Mademoiselle, comme les répugnances des filles contre le mari qu'on leur offre déguisent toujours une inclination pour l'amant qu'elles n'avouent pas, vous plairait-il de me dire quel Léandre a trouvé le chemin de votre cœur?

SABINE.

Ceci, mon oncle, est plus délicat et plus difficile; cependant, comme tous les enseignements que je reçois dans le monde où nous vivons nous commandent la franchise et quelque peu d'abandon dans l'expression de nos sentiments, je vous avouerai sans détour que le cœur hautain et dédaigneux de mademoiselle Blanche-Sabine d'Antignac a rencontré son vainqueur.

D'ANTIGNAC.

Fort bien, et ce grand conquérant se nomme pour le moins Alexandre, César ou Annibal?

SABINE.

Il est beaucoup plus modeste, mon oncle, il ne se nomme pas.

D'ANTIGNAC.

Comment, pas du tout?

SABINE.

Du tout.

D'ANTIGNAC.

Alors vous aimez... un aventurier?

SABINE.

C'est impossible. Tout me dit qu'il est de sang noble et de race d'épée; mais là-dessus il est muet comme le carlin de ma tante. La dernière fois que je l'ai interrogé à ce sujet, il m'a répondu, avec une émotion pleine de modestie: « Mademoiselle, mon nom est » si peu de chose qu'il ne saurait justifier mes prétentions; don- » nez-lui le temps de se distinguer et il se fera connaître. »

D'ANTIGNAC.

Ainsi, mademoiselle, vous avouez que sous les yeux de votre oncle et tuteur, qui naturellement ne s'en doute pas, vous êtes en intrigue réglée avec un coureur d'aventures? Et où l'avez-vous rencontré, s'il vous plaît?

SABINE.

Partout et nulle part. Au bal, à la comédie, à la promenade. Il est toujours là, discret dans son empressement respectueux, dans la passion effleurant à peine un pli de ma robe. Veillant sur moi comme une providence invisible.

D'ANTIGNAC.

Mais il est bien extraordinaire, alors, que je ne l'aie jamais aperçu.

SABINE.

Vous oubliez, mon oncle, qu'à la comédie italienne, le tuteur regarde toujours de l'autre côté...

D'ANTIGNAC.

Fort bien! et quand le reverrez-vous?

SABINE.

Mais... peut-être... ici... où il doit savoir... que vous m'avez amenée.

D'ANTIGNAC.

Comment, mademoiselle, vous auriez osé lui donner un rendez-vous... ici... à la cour... dans l'antichambre de la favorite... presque sous les yeux du roi!

SABINE.

Oh! pas le moins du monde... On se donne rendez-vous quand on ne s'aime pas... quand on s'aime, on se trouve. Je l'attends parce qu'il viendra, et il viendra parce que je l'attends. Il y a là, mon oncle, une application de cette loi mystérieuse d'attraction qui gouverne les mondes. Ne cherchez pas, mon oncle, vous n'entendez plus rien à l'astronomie...

D'ANTIGNAC, à part.

Ma parole d'honneur, les petites filles de ce temps-ci m'épouvantent. (Haut.) Mais je ne vois pas Chanteloup... Nous devions le rencontrer ici.

SCÈNE II

Les Précédents, CHANTELOUP.

D'ANTIGNAC.

Arrivez donc, vicomte... Tout le monde vous attend ici avec impatience.

SABINE, vivement.

Précisément, j'attendais monsieur le vicomte qui vous tiendra compagnie pendant que j'irai faire ma visite à madame de Brevanne et peut-être aussi ma cour à la comtesse du Barry; car je suis au mieux avec elle...

D'ANTIGNAC.

Vraiment, ma nièce...

SABINE.

Oui, mon oncle... Monsieur le vicomte. (Elle salue Chanteloup et sort.)

SCENE III

D'ANTIGNAC, CHANTELOUP.

CHANTELOUP.

Monsieur le baron...

D'ANTIGNAC.

Vicomte?

CHANTELOUP.

Il me semble que mademoiselle Sabine manque d'enthousiasme pour moi...

D'ANTIGNAC.

Mademoiselle Sabine, monsieur, est une fille bien élevée, soumise à ses devoirs et incapable d'afficher ces sentiments d'exaltation qu'on ne rencontre que dans les amours de la bourgeoisie... Vous lui plairez... elle vous aimera, mais vous ne vous en douterez jamais.

CHANTELOUP.

Ah! vous croyez que cela suffit? J'aurais préféré...

D'ANTIGNAC

Quoi donc?

CHANTELOUP.

Une nuance — je ne sais quoi — un regard — un aveu tacite d'une inclination partagée.

D'ANTIGNAC.

Ah! fi donc! vous parlez comme le Saint-Preux de la *Nouvelle*

Héloïse ; — Venons aux choses essentielles : avez-vous vu le ministre ?

CHANTELOUP.

Je le quitte.

D'ANTIGNAC.

Eh bien?

CHANTELOUP.

Je suis nommé gouverneur du donjon de Vincennes.

D'ANTIGNAC.

Sur promesse verbale?

CHANTELOUP.

J'aurai ma commission dans une heure, quand elle aura été ratifiée par la favorite.

D'ANTIGNAC, lui serrant la main.

Bravo! C'est un fort emporté d'assaut. Vous êtes un vaillant solliciteur. Pour le surplus, vous savez nos conventions — je serai chevalier des ordres du roi... j'y tiens...

CHANTELOUP.

Vous aurez tous les ordres de la Saint-Jean.

D'ANTIGNAC.

Vous en avez parlé au ministre?

CHANTELOUP.

Superficiellement ; voyez-vous... j'ai un principe invariable, c'est de ne pas fatiguer la fortune...

D'ANTIGNAC.

Enfin... arrangez-vous comme vous voudrez... mais pour obtenir ma nièce, il vous faut remplir deux conditions : une place d'abord... vous l'avez... ou vous l'aurez... Ensuite, les ordres pour moi... vous entendez... (Il sort.)

SCÈNE IV

CHANTELOUP, puis LANSAC.

CHANTELOUP.

Mademoiselle Sabine est jolie, elle a près d'un million de dot, ce qui donne à sa physionomie je ne sais quel charme indéfinissable.

— Ce qu'elle a de moins bien — c'est son oncle... Il veut les ordres, distinction suprême qu'on n'accorde guère qu'aux illustres incapacités : je sais bien qu'à cet égard, plus que tout autre, il aurait des droits, mais je crains bien que tout mon crédit ne soit impuissant à les faire valoir... (Entre Lansac. — L'apercevant.) Lansac !

LANSAC.

Le vicomte de Chanteloup !

CHANTELOUP.

Toi, à Versailles ? Toi, Lansac, le plus fier, le plus gueux (passe moi le mot) et le plus indépendant des cadets de famille ! La mauvaise fortune aurait-elle plié cette âme superbe au rôle ingrat de lliciteur ? serais-tu devenu ambitieux ? hein ?

LANSAC.

Ambitieux, amoureux, comme tu voudras.

CHANTELOUP.

Ah ! voilà ce qui nous perd tous, l'amour. Voilà comment tant de brillants papillons nés pour voltiger de fleur en fleur finissent par se laisser piquer sur la muraille d'un boudoir.

LANSAC, lui retenant le bras.

Arrête-toi là ; veux-tu que je te parle sincèrement ?

CHANTELOUP.

Je l'exige.

LANSAC.

Eh bien ! tu étais né pour la poésie.

CHANTELOUP, à mi-voix.

J'en fais en cachette... Ne me trahis pas... tu comprends, avec mon nom et mon état dans le monde, je ne puis m'exposer à être confondu avec M. Arouet de Voltaire... le fils d'un tabellion.

LANSAC.

Sois donc tranquille... Le monde sait à qui il a affaire... D'ailleurs, je suppose que tu n'as pas l'imprudence de te laisser imprimer.

CHANTELOUP.

Sans doute... sans doute... mais tu sais, il ne faut qu'une indiscrétion pour qu'on dise : « Vous savez bien, Chanteloup, le vicomte de Chanteloup... il s'encanaille avec les muses... Au surplus, si tu as mon secret, j'ai le tien.

LANSAC.

Le mien ?

CHANTELOUP.

Oui, oui, fais l'hypocrite. Tu composes aussi des satires, des épigrammes.

LANSAC.

C'est vrai; mais j'avoue mes fautes, moi.

CHANTELOUP.

C'est un tort... Le roi, les ministres, madame du Barry pourraient bien un jour se fâcher... s'ils apprenaient que le chevalier de Lansac leur décoche de temps en temps... quelques vers bien sanglants... Tiens... vois Latude qui gémit à la Bastille pour avoir chansonné l'ancienne favorite... madame de Pompadour.

LANSAC.

Bah!... une épigramme n'a pas de nom d'auteur, c'est tout le monde qui l'a faite!

CHANTELOUP.

Aussi, prudemment, clandestinement, tel que tu me vois, j'ai enfourché Pégase ces temps derniers...

LANSAC.

Bah!

CHANTELOUP.

J'ai franchi le sacré vallon... j'ai cueilli quelques fleurs... au sommet du Parnasse.

LANSAC.

Ah! voyons cela... (A part.) Ça doit être joli!...

CHANTELOUP.

Nous sommes seuls... (Regardant.) Oui... (Il tire un papier de sa poche.) Voilà... c'est un quatrain sur la du Barry.

« Par sa faveur, tous les solliciteurs
» Obtiennent tout. Alors on se demande
» En n'obtenant pas ses faveurs,
» Si la faveur n'est pas plus grande. »

Hein, qu'en dis-tu?

LANSAC.

C'est un méchant quatrain.

CHANTELOUP.

Tu veux dire un quatrain méchant.

LANSAC.

Oui... mais prête-le-moi... (Il le lui prend des mains.) Je veux en régaler les sociétés. Je le lirai à quelques amis.

CHANTELOUP.

Prends bien garde!... Il est copié de mon écriture.

LANSAC.

Oh! rassure-toi.

CHANTELOUP.

Ça voyons... Tu viens solliciter?

LANSAC.

Précisément.

CHANTELOUP.

Quoi ?

LANSAC.

Je ne sais pas au juste...

CHANTELOUP.

Ma place, peut-être...

LANSAC.

Si elle est bonne, ce n'est pas de refus... mais encore faudrait-il la connaître.

CHANTELOUP.

Voilà : tu sais où tu ignores (car tu es bien distrait pour un ambitieux) que le marquis de Verrières, gouverneur du donjon de Vincennes, s'est laissé mourir.

LANSAC, ôtant son chapeau.

Faute irréparable, et qui serait sans excuse s'il ne laissait une place vacante.

CHANTELOUP.

C'est justement ce qui me rend indulgent pour la mémoire de ce pauvre marquis. Je me suis rappelé en temps utile que j'étais le filleul du ministre, à ce point, que ma ressemblance avec mon parrain a toujours intrigué le monde... Je suis parti de là pour lui demander le gouvernement du donjon.

LANSAC.

Et tu l'as obtenu ?

CHANTELOUP.

Sauf l'agrément de la favorite, que j'attends ici après lui avoir envoyé un placet de ma plus belle écriture... Sais-tu que le poste est bon : trente mille livres de traitement, maison montée et l'honneur par-dessus le marché.

LANSAC, riant.

Tu me donnes une idée...

CHANTELOUP.

Je te donne de plus la place si tu peux l'obtenir... Songe donc, mon cher, que moi, vicomte de Chanteloup, une noblesse qui remonte aux croisades. Oui, je compte des croisés dans ma maison. Ah ! ah ! c'est un jeu de mots : il n'est pas de moi, c'est le marquis de Bièvre qui l'a fait exprès pour moi... et puis d'autres titres encore. Mon grand-père a perdu deux batailles rangées contre monsieur de Marlborough.... Tu sais... Marlborough.

LANSAC.

Miron ton, ton ton ton?

CHANTELOUP.

Mirontaine ; celui-là même. Eh bien, tout mon crédit n'y eût pas suffi sans la protection spéciale de mon parrain du côté des femmes... Tu viens solliciter auprès de la favorite; as-tu seulement un protecteur ? as-tu obtenu une audience ?

LANSAC.

Non ; mais je vais la demander.

CHANTELOUP.

Mon ami, ta candeur me navre. Y aurait-il des rosières dans ta famille ?

LANSAC, ils s'asseyent.

Non... mais il y en a dans mes domaines... Seulement, dis-moi, connais-tu un conte arabe qu'on appelle : *Le Calife de Bagdad ?*

CHANTELOUP.

De réputation... Après ?... Serais-tu calife?

LANSAC.

Pas même vizir... Tu sais que le calife, circulant de nuit dans Bagdad, se tire des positions les plus périlleuses en prononçant son nom d'aventures : *Il Bondo Cani.*

CHANTELOUP.

Ce n'est plus de l'arabe, c'est de l'hébreu pour moi.

LANSAC.

Sache donc qu'il y a trois ans, j'ai connu une jeune fille de mœurs... bienveillantes, qu'on appelait mademoiselle Lange.

CHANTELOUP.

Ah !

LANSAC.

Mademoiselle Lange était une enfant vive et légère comme un oiseau... Son plumage n'était pas brillant... mais son caquetage me ravissait... Elle avait l'orgueil et l'insolence de sa beauté à peine épanouie, et je ne sais quel secret instinct d'une grandeur future qu'une sorcière lui avait prédite en lui tirant les cartes... J'étais le valet de pique... et elle attendait résolûment le roi de cœur... Quand je la menais souper aux Porcherons, elle me disait avec une conviction comique : mon cher chevalier, je t'aime bien, mais je sens qu'il faut me séparer des mortels... Cette nuit j'ai rêvé que j'étais Danaé et que Jupiter m'enlevait dans l'Olympe... Ma Danaé, lui répondais-je sur le même ton, quand vous serez sous la pluie d'or, vous permettrez à votre chevalier de se mouiller un peu pour vos beaux yeux... Mais j'y songe, ajoutai-je, quand vous serez si haut perchée le suisse de l'Olympe me refusera le cordon... Eh bien ! répliquait-elle en riant et faisant allusion aux contes arabes alors fort en vogue, vous prononcerez ces mots : *Il Bondo Cani* et *Sésame* s'ouvrira... Comprends-tu ma charade?...

CHANTELOUP.

Vaguement...

LANSAC.

Comment ? pas encore... Le mot est favorite.

CHANTELOUP.

Il serait possible ?... La comtesse ?...

LANSAC.

La comtesse du Barry, en ce temps-là, s'appelait mademoiselle Lange... et le placet que je vais lui faire parvenir sera signé... *il Bondo Cani*.

CHANTELOUP.

Et tu comptes sur la mémoire de l'amour ?

LANSAC.

Et sur sa prudence... car j'ai de mademoiselle Lange beaucoup de billets doux dont la divulgation ne serait guère édifiante pour le passé de madame la comtesse... Oh ! du monde...

SCÈNE V

LES MÊMES, LE BARON D'ANTIGNAC.

D'ANTIGNAC, à Chanteloup, et de mauvaise humeur.

Monsieur le vicomte, je viens de voir le ministre.

CHANTELOUP.

Vous a-t-il parlé de mon donjon.

D'ANTIGNAC.

Beaucoup.

CHANTELOUP.

Vous devez être ravi, quoique vous n'en ayez pas l'air.

D'ANTIGNAC.

Monsieur, je n'aime pas qu'on se joue de moi... quand j'ai parlé au ministre de la haute récompense que vous deviez solliciter pour moi, il m'a laissé entendre que vous n'y teniez nullement.

CHANTELOUP.

Par suite de mon principe de ne pas fatiguer la fortune... Il y aura une seconde campagne à faire pour vous... on la fera... Vous avez vécu jusqu'à ce jour sans les ordres... vous attendrez bien encore six mois... un an .. peut-être dix-huit mois... le temps passe si vite.

D'ANTIGNAC.

Vicomte, êtes-vous amoureux de Sabine?

CHANTELOUP.

Tenez, écoutez... (Il pousse un soupir.) Voilà ma réponse.

D'ANTIGNAC.

Eh bien! vous l'épouserez dans six mois, un an, peut-être dix-huit mois.

CHANTELOUP.

Dix huit siècles!... Tenez, demandez à mon ami le chevalier de Lansac si un amoureux peut attendre dix-huit mois. (Lansac salue.)

D'ANTIGNAC.

Bast! le temps passe si vite...

LANSAC.

Je vois que vous n'êtes divisés que par une question de chronologie.

D'ANTIGNAC, saluant.

Soyez juge! monsieur! Le vicomte veut que je paye à vue au profit de son amour, et il ajourne l'échéance de mon ambition...

LANSAC.

S'il m'est permis de m'immiscer dans vos affaires de famille... et vous semblez m'y autoriser, monsieur le baron, voici mon sentiment : vous êtes libre de tout engagement avec le vicomte, puisqu'il ne peut tenir ses obligations.

D'ANTIGNAC.

Ah ! vous voyez.

CHANTELOUP, bas.

Dis donc... dis donc.

LANSAC, bas.

Attends donc... (Haut.) Mais avant de rompre avec un homme de l'importance du vicomte, vous devez y réfléchir.

CHANTELOUP, haut à Lansac.

Très-bien... Tu es dans la situation.

LANSAC.

Mon Dieu ! je sais ce que vous allez me dire : le vicomte n'a ni esprit ni dehors séduisants.

CHANTELOUP, bas.

Oh ! mais non, tu n'es plus dans la situation.

LANSAC, bas.

Tais-toi donc, j'arrange ton affaire... (Haut.) Mais qu'a-t-il besoin de ces avantages roturiers, puisque Dieu lui a donné la naissance et le crédit

CHANTELOUP, bas.

C'est mieux...

LANSAC.

Enfin, monsieur le baron, mademoiselle Sabine est charmante, j'en suis sûr, puisqu'elle est douée d'un oncle aussi accompli...

D'ANTIGNAC, à part.

Il s'exprime fort bien, ce jeune homme.

LANSAC.

Songez à son avenir... Si vous refusez le vicomte, à qui la marierez-vous ?

D'ANTIGNAC.

Parbleu ! je ne serai pas embarrassé... je la marierai au premier venu... A vous, peut-être.

LANSAC.

Mauvaise combinaison, monsieur le baron. Vous seriez obligé de payer mes dettes, et, sans faire injure à votre fortune, j'ai l'orgueil de croire qu'elle n'y suffirait pas.

D'ANTIGNAC.

Ah !

CHANTELOUP, bas à d'Antignac.

C'est un homme étonnant que le chevalier... Il n'a jamais rien eu et il a trouvé le moyen de tout manger.

LANSAC.

Et puis, comme il faudrait faire des pensions à une douzaine de veuves inconsolables, que je laisserais à l'Opéra et à la Comédie-Italienne, vous n'auriez pas cet inconvénient avec le vicomte. Ce pauvre Chanteloup, je ne sais pas comment il fait son compte, mais jamais on ne lui a connu un petit vice. Les femmes s'amusent de lui et dédaignent de le ruiner...

CHANTELOUP, bas.

Assez...

LANSAC, bas.

Tais-toi donc, j'arrange ton affaire...

CHANTELOUP, à part.

Tu l'arranges trop !

LANSAC.

Enfin, monsieur le baron, puisque vous m'avez fait l'honneur de me prendre pour arbitre dans votre différend, j'estime que vous pouvez attendre un an ce que vous convoitez, tandis que vous ne devez pas tarder d'un jour à pourvoir mademoiselle Sabine d'un vicomte aussi providentiellement désigné à l'emploi de mari. J'ai dit : Huissier, faites exécuter l'arrêt...

D'ANTIGNAC, à part.

Il a peut-être raison.

CHANTELOUP, bas à Lansac.

Merci... Voilà un service d'ami.

LANSAC, bas.

D'autant qu'il m'en a coûté de médire de ta grâce et de ton esprit.

CHANTELOUP, bas.

Tu as été étonnant de rouerie... (Haut à d'Antignac). Allons... allons... vous êtes convaincu, baron.

D'ANTIGNAC.

Peut-être bien... nous verrons.

CHANTELOUP.

En attendant l'heure des audiences... venez avec moi... donnez-moi le bras... nous allons parler du contrat... et des ordres... (A Lansac). Sans adieu, chevalier...

LANSAC.

Bonjour... (Le baron et Lausac se saluent.)

SCÈNE VI

LANSAC, seul, puis SABINE.

LANSAC.

Or ça, maintenant que j'ai fait le bonheur de monsieur le vicomte de Chanteloup sans le flatter, songeons à mes propres affaires... (Il se met à la table et écrit.) « Madame la comtesse... Un chevalier de » retour du pays des songes se recommande à votre gracieuse mé- » moire... Il n'a rien et vous pouvez tout... Le gouvernement du » donjon de Vincennes est vacant... il ne le sera plus dans dix mi- » nutes, si vous le voulez bien... Souvenir et mystère... *Il Bondo* » *Cani.* » (Pliant.) Je ne sais pas s'il est très-bien à moi de demander la place du baron... mais je suis si pressé que je n'ai pas le loisir de creuser cette question de morale... D'ailleurs un philosophe l'a dit... On prend toujours la place d'un autre; c'est comme en amour: on prend toujours la femme de quelqu'un !... (Il sonne... Un huissier entre.) cette lettre à madame la comtesse du Barry. . (L'huissier prend la lettre et sort.)

LANSAC, se retournant.

Mon apparition !

SABINE entrant par le fond.

Mon inconnu !... (A part.) c'était lui dont mon oncle vient de me parler... Il m'en a fait un joli portrait !...

LANSAC.

Enfin, mademoiselle, il m'est donné de vous approcher sans témoins... Ne craignez rien de mes empressements... ils ont pour mobile le sentiment le plus profond et le plus légitime dans ses vues. Souffrez que je profite de l'occasion que m'offre la fortune pour soulever le voile qui couvre à mes yeux votre destinée... votre nom ?...

SABINE, dépitée.

Monsieur... mon nom et mon état dans le monde sont dignes, j'ose le dire, de toutes les ambitions... Il vous reste à produire les mêmes justifications... Je vous avertis que je ne suis pas fille à me faire épouser pour payer les dettes d'un amoureux des beaux yeux de ma cassette...

LANSAC.

Que dites-vous, mademoiselle ?

SABINE.

Je dis, monsieur, que s'il est de ton aujourd'hui de tirer vanité de ses déportements, de pareilles prouesses sont mal appréciées dans les familles. Je dis que j'ai un oncle... (Geste de Lansac.) Ce n'est pas ma faute, monsieur, mais j'en ai un qui ne donnera jamais sa nièce à un homme sans consistance, affichant ses scandales et payant ses dettes sur le dos de ses créanciers.

LANSAC.

Mais, mademoiselle, qui a pu vous dire ?...

SABINE.

Que vous importe ? Je sais qui vous êtes et cela suffit. Je voudrais me détourner de vous avec colère, et je ne sais pourquoi un reste de sympathie m'invite à vous donner un dernier avis, et le voici : Le roman de l'amour intéresse jusqu'à vingt-cinq ans; à cinquante ans, on ne le comprend plus. Or, mon oncle en a près de soixante, et il n'est plus dans l'âge où on recueille les chevaliers errants. Si je pouvais pardonner votre passé, ma raison combattrait ma faiblesse. Mon oncle est un homme positif comme un contrat de mariage. Il veut trouver dans le mari de sa nièce, non-seulement un neveu, mais encore un appui, un crédit.

LANSAC.

Tous les oncles ont ce travers.

SABINE.

Dites cette prétention légitime. Vous me suivez à la comédie, à la promenade ; vous laissez tomber une fleur à mes pieds, c'est fort bien ; je la ramasse pour ne pas vous compromettre, c'est très-mal ; mais la fin de tout cela est que vous me verrez prochainement au bras d'un mari...

LANSAC.

Rassurez-vous, je le tuerai.

SABINE.

C'est fort ingénieux, mais ce sera une complication, car le duel étant défendu sous les peines les plus sévères, il vous faudra fuir aux Indes ou en Amérique. Vous m'enverrez alors votre fleur à travers les océans.

LANSAC.

Je vous l'apporterai à la nage, comme Léandre.

SABINE.

Il y aurait quelque chose de plus simple, ce serait d'appliquer un peu de l'esprit que vous dépensez à vous nuire pour devenir un mari présentable.

LANSAC, mystérieusement.

Sachez donc que j'y travaille.

SABINE.

Vrai?.. (Elle rit.) On voit bien que vous n'en avez pas l'habitude, et que vous regardez cela comme une action noire... Vous avez l'air de conspirer...

LANSAC.

Vous n'êtes donc plus fâchée...

SABINE.

Non... Je ne suis plus que furieuse de ce que, par votre légèreté et votre insouciance, vous m'exposez à devenir la femme d'un autre.. qui ne sera pas celui que mon cœur a choisi...

LANSAC.

Oh ! mademoiselle !

SABINE.

Oh ! mais n'allez pas croire au moins.. Ce que je vous en dis est dans le seul intérêt de votre fortune...

LANSAC, à genoux.

Mademoiselle, laissez-moi jurer à vos pieds. .

SABINE.

Je croirai à vos serments quand je pourrai croire à votre conversion... Et retenez bien ce mot terrible : J'ai un oncle !

LANSAC, avec un geste d'horreur.

Oh !

SABINE, à part.

La sagesse aura beau dire... Il est charmant. (Elle sort).

SCÈNE VII

LANSAC, puis D'ANTIGNAC.

LANSAC, se levant.

L'aimable personne ! et qu'il est doux d'être grondé par cette jolie bouche. Mais comment a-t-elle pu connaître mes maximes légères ? Ah ! j'oubliais !.. Elle a un oncle.. quelque vieux Géronte, portant perruque à marteau et canne à pomme d'ivoire. Cet âge est sans pitié... Elle a raison... il est temps de me réconcilier avec la famille et la propriété... La propriété surtout, que j'ai beaucoup négligée... et qui, de son côté, ne s'est pas mise en frais pour moi... C'est dit.. à dater d'aujourd'hui je me mets en odeur de sainteté... Je ne pousserai pas la vertu jusqu'au scandale de peur de faire crier... mais j'aurai des principes... dans le jour... ce sera le travail de Pénélope... Je vais me rédiger un petit code de morale à l'usage des oncles... (Il s'assied, prend un carnet et écrit... Entre d'Antignac.)

D'ANTIGNAC, à part.

« Il y a des siècles à ce point pervertis que la vertu y est un » obstacle à la fortune. » Cette pensée est de Sénèque le philosophe ; je n'hésite pas à en faire l'application à ce temps ci en général et à Chanteloup en particulier. Le vicomte de Chanteloup est décidément borné, il n'arrivera à rien. Ce qu'il m'a dit tout à l'heure... de ce chevalier de Lansac ! Il a connu Mme du Barry autrefois !... Quelle source de grâces ! avec cela, beau garçon ; sans scrupules, roué comme le comte Jean ! — Quel avenir ! Ah ! voilà le neveu qu'il me faudrait. Je suis sûr qu'il m'obtiendrait les ordres, lui... (L'apercevant.) Eh ! mais...

LANSAC, se levant, à part.

Oh ! le baron... réhabilitons-nous dans son esprit...

D'ANTIGNAC.

Qu'écriviez-vous donc là, chevalier ?

LANSAC, *à part.*

J'ai besoin de me faire une bonne réputation... Il aura mon étrenne... ça se répandra, et...

D'ANTIGNAC.

La liste de vos dettes?

LANSAC.

Précisément... mon intention est de les payer... (*D'un ton sentencieux.*) Qui paye ses dettes s'enrichit...

D'ANTIGNAC, *à part.*

Ce n'est pas fort... ce qu'il dit là. Je le croyais plus roué... mais il badine... ou peut-être... Ah! oui... j'y suis... (*Haut.*) Oui, oui, je comprends, l'amour payera les dettes de la folie...

LANSAC.

Non, monsieur le baron, c'est la sagesse qui payera les dettes de l'amour.

D'ANTIGNAC, *riant.*

C'est la comtesse du Barry que vous appelez la sagesse?

LANSAC.

Comment...

D'ANTIGNAC.

Oui... Chanteloup... m'a raconté... heureux mortel. Je sais que la favorite vous a refusé si peu de chose dans le passé qu'elle ne peut rien vous refuser dans l'avenir.

LANSAC.

Ah! monsieur! vous me voyez confus... Je rougis des dépravations de ma jeunesse devant un homme aussi respectable que vous... J'ai été entraîné par les mauvaises connaissances... C'est la comtesse qui m'a perdu...

D'ANTIGNAC, *à part.*

Qu'est-ce qu'il dit... Qu'est-ce qu'il dit...

LANSAC.

Monsieur, pour faire pénitence, j'ai résolu de me couvrir de coquillages et d'aller en pèlerinage à Jérusalem... approuvez-vous mon projet?

D'ANTIGNAC.

Ah çà! monsieur, vous moquez-vous de moi? Tout à l'heure vous me parliez comme un mousquetaire et maintenant vous prêchez comme un capucin.

LANSAC.

Tout à l'heure, monsieur, j'étais intimidé par la présence du vicomte de Chanteloup... je craignais de perdre l'estime de ce garnement ; maintenant, je suis heureux de rencontrer un homme vertueux pour lui dévoiler mes vrais sentiments... Souffrez que je vous embrasse... Les honnêtes gens sont si rares... (A part.) Ça n'a pas l'air de le charmer.

D'ANTIGNAC.

Ah çà ! vous n'êtes donc pas ici pour solliciter auprès de la favorite.

LANSAC.

Moi, monsieur ?... maintenant qu'elle s'est déshonorée ?... Je viens de lui écrire pour lui défendre de prononcer mon nom. Souffrez que je vous embrasse de nouveau.

D'ANTIGNAC, à part.

Eh bien, je tombais bien !... Mais il est beaucoup plus simple que Chanteloup... Je préfère encore le vicomte... Ce dernier au moins est plein de mauvaises intentions.

SCÈNE VIII

Les mêmes, CHANTELOUP.

CHANTELOUP.

Eh bien, monsieur le baron... êtes-vous plus raisonnable ? Serai-je votre neveu... voyons ?

D'ANTIGNAC.

Je ne dis pas non... Vous avez des chances... (A Lansac.)...Adieu.. jeune homme... vertueux ! (Il sort.)

SCÈNE IX

LANSAC, CHANTELOUP, DEUX HUISSIERS

CHANTELOUP.

Qu'y a-t-il donc entre vous deux ?

LANSAC.

Oh! rien... (A ce moment un huissier est entré en scène par la droite. Il s'approche de Lansac.)

L'HUISSIER, à Lansac.

Monsieur le chevalier.

LANSAC, à Chanteloup.

Pardon!.... (A l'huissier.) C'est à moi?

L'HUISSIER, bas.

Il Bondo Cani.

LANSAC, de même.

Sésame, ouvre-toi.

UN DEUXIÈME HUISSIER arrive de l'autre côté en s'adressant à Chanteloup.

Voici ce que vous demandez.

PREMIER HUISSIER, à Lansac.

Pour monsieur le chevalier. (Il lui donne une lettre.)

LANSAC, lisant.

M. le chevalier de Lansac, gouverneur du donjon de Vincennes.

CHANTELOUP, lisant.

M. de Chanteloup, gouverneur de Vincennes..... Enfin; et lui (montrant Lansac) qui s'imaginait...

LANSAC, à l'huissier.

C'est bien... Est-ce tout?

L'HUISSIER.

Non..... il faut qu'adroitement, sans bruit, sans scandale, vous emmeniez à Vincennes M. de Chanteloup, qui est votre prisonnier.

LANSAC.

Très-bien!...

CHANTELOUP, au deuxième huissier.

Qu'y a-t-il encore?

DEUXIÈME HUISSIER, bas.

Il faut que sans bruit et sans scandale vous emmeniez le chevalier de Lansac, qui est votre prisonnier...

CHANTELOUP.

Cela suffit. (Les deux huissiers se retirent, Lansac et Chanteloup se regardent en riant.)

LANSAC, à part.

Je suis quelque peu embarrassé pour le conduire à destination.

CHANTELOUP, à part.

Le chevalier est fin comme un gendarme... Je ne sais comment m'y prendre pour le coffrer sans le faire crier...

LANSAC, haut.

Eh bien, vicomte... retournes-tu à Paris...

CHANTELOUP.

Oui... et toi?

LANSAC.

Pareillement.

CHANTELOUP.

Ce cher chevalier... Sais-tu que je te dois peut-être mon bonheur... A propos, pourquoi n'accepterais-tu pas une place dans mon carrosse?

LANSAC.

Je n'en sais rien...

CHANTELOUP.

Veux-tu faire une chose?

LANSAC.

Est-ce gai?

CHANTELOUP.

Folâtre, au possible... Tu sais que je suis en instance pour le gouvernement de Vincennes.

LANSAC, riant.

Tu l'as peut-être dans ta poche.

CHANTELOUP, riant.

Oh! quelle idée!... Mais j'y songe, ne devais-tu pas aussi le demander à la favorite?

LANSAC.

J'ai des chances.

CHANTELOUP, riant.

Eh bien, allons ensemble visiter notre donjon.

LANSAC.

Vicomte, je n'aurais jamais osé te le proposer.

CHANTELOUP.

Eh bien, est-ce convenu ?...

LANSAC.

Tope !... Tu ne te doutes pas à quel point tu entres dans mes idées. (A part.)

CHANTELOUP.

C'est singulier comme tu entres aussi dans mes combinaisons.

LANSAC, à part.

Eh bien, vrai, j'aurais mieux aimé qu'il se défendît un peu... Il me fait de la peine... C'est le massacre d'un innocent.

CHANTELOUP, à part.

Quelle rumeur dans Paris, quand on saura comment j'ai roué le chevalier !... Ma réputation est faite et ce pauvre chevalier va succéder au petit Poinsinet... Allons !

LANSAC.

Allons !

CHANTELOUP.

Passe donc le premier.

LANSAC.

Non, toi d'abord !

CHANTELOUP.

Je n'en ferai rien.

LANSAC.

Ni moi non plus !...

CHANTELOUP.

Eh bien ! passons ensemble.

(Ils se donnent le bras et sortent en riant.)

FIN DU PREMIER ACTE.

DEUXIÈME ACTE

Un appartement meublé, style Louis XV. Porte au fond. Portes latérales. Fenêtre à droite. Table, fauteuils.

SCÈNE PREMIÈRE

DEUX DOMESTIQUES, puis LANSAC et CHANTELOUP.

PREMIER DOMESTIQUE, à la fenêtre.

Un carrosse s'approche.

DEUXIÈME DOMESTIQUE, s'approchant.

Ils descendent tous deux... Tu as tes instructions?

PREMIER DOMESTIQUE.

Toi, les tiennes?

DEUXIÈME DOMESTIQUE.

Oui. (Les domestiques sortent par la droite au moment où la porte du fond s'ouvre et laisse voir Lansac et Chanteloup.)

LANSAC, à l'entrée de la porte du fond.

Entre donc le premier...

CHANTELOUP, de même.

Non, toi d'abord!

LANSAC.

Je n'en ferai rien.

2

CHANTELOUP.

Ni moi non plus.

LANSAC.

Alors, entrons ensemble. (Chanteloup et Lansac entrent tous deux en scène.)

LANSAC, examinant.

Eh ! mais c'est charmant ici... c'est d'une élégance... on se croirait plutôt dans un boudoir que dans le donjon de Vincennes... qui, à tout prendre, n'est qu'une prison...

CHANTELOUP.

Oh ! une prison...

LANSAC, à part.

Je crois que voilà le moment de lui dire...

CHANTELOUP, à part.

Si je profitais de ce qu'il trouve ce séjour agréable pour lui avouer...

LANSAC, à part.

Bah ! il ne le saura que trop tôt...

CHANTELOUP, à part.

Au fait... il a bien le temps d'apprendre. (Haut.) Lansac.

LANSAC, se rapprochant.

Tu dis, cher ami !

CHANTELOUP.

Mais cet appartement est celui du gouverneur du donjon... et non pas un de ceux qu'on destine aux prisonniers.

LANSAC.

Je m'en doute... Mais voyons, là : tu es gouverneur ici, je suppose... ou bien moi...

CHANTELOUP.

Tu supposes !

LANSAC.

Je suppose toujours... l'un de nous a ce malheur de déplaire au roi, à la du Barry, au ministre... supposons que c'est toi.

CHANTELOUP.

Ou toi !

LANSAC.

Ou moi... je veux bien... Qu'arrive-t-il ? c'est que si je suis le gouverneur et toi le prisonnier...

CHANTELOUP.

Ou bien toi... le prisonnier et moi le gouverneur.

LANSAC.

Comme tu voudras... je n'y tiens pas... nous sommes dans le champ des suppositions...

CHANTELOUP.

Parcourons le champ des suppositions.

LANSAC.

Eh bien ! dis-je, l'un de nous deux, en ami loyal, en bon camarade, donne asile à l'autre, non pas dans un cachot, mais ici... près de lui... dans son propre logement...

CHANTELOUP.

Très-bien !... (A part.) Au fait... pourquoi lui refuserais-je cette consolation ?

LANSAC, à part.

Ça me fera une société, une conversation... Il n'est pas bien spirituel... mais à Vincennes... on n'a pas le droit d'être difficile... (Haut.) Ainsi, c'est bien convenu... entre nous deux... hospitalité réciproque...

CHANTELOUP.

C'est entendu... asile mutuel... Tu permets ?... (Il prend une sonnette sur le guéridon de droite et sonne.)

LANSAC.

Tu permets ? (Il prend une sonnette sur le guéridon de gauche et sonne.)

CHANTELOUP.

Des ordres à donner...

LANSAC.

Comme dans les comédies... des ordres à donner, des lettres à écrire !...

CHANTELOUP.

Précisément. (Deux gardes paraissent, l'un à droite l'autre à gauche. Bas à l'un des gardes.) Tu sais quelle est ma position ici ?

PREMIER GARDE.

Oui, monsieur le vicomte.

LANSAC, bas au deuxième garde.

Tu sais ce que je suis ici ?

DEUXIÈME GARDE.

Sans doute, monsieur le chevalier.

CHANTELOUP, de même.

Quant à celle de monsieur Lansac... tu la connais aussi ?

PREMIER GARDE.

Parfaitement !

LANSAC, de même.

Et tu n'ignores pas non plus que monsieur de Chanteloup...

DEUXIÈME GARDE.

Je suis instruit de tout.

CHANTELOUP, de même.

On ne peut s'échapper d'ici facilement?

PREMIER GARDE.

Oh ! des gardes, des verrous, des grilles...

CHANTELOUP, de même.

Très-bien... (Il congédie le garde.)

LANSAC, de même.

Et quant à une évasion ?...

DEUXIÈME GARDE.

Impossible !

LANSAC, de même.

Parfait !... Va... (Il congédie le deuxième garde.)

CHANTELOUP, à Lansac.

Chevalier... j'ai deux mots à dire à mon valet de chambre !... permets que je te laisse...

LANSAC.

Comment donc !... à ton aise !... fais comme chez toi...

CHANTELOUP.

Ah ! le mot est joli... je t'en dirai autant [illegible] omme chez toi. (Il sort par le fond.)

SCÈNE II

LANSAC, seul.

Va, va... ! (Riant.) Ah ! ah !.. quand il apprendra qu'il est prisonnier, et que c'est moi... Pauvre Chanteloup !.. Mais, voyons... dès demain je vais à Versailles... mon premier soin est d'aller remercier la favorite... puis j'espère bien rencontrer ma charmante inconnue... et je lui dirai : plus d'obtacle ! j'ai une position, je suis gouverneur de Vincennes... Mais, attendre à demain... c'est un siècle... Si je pouvais... Ah ! le baron !...

SCÈNE III

LE BARON, LANSAC.

LE BARON.

Je vous savais ici... Chanteloup m'a appris...

LANSAC.

Oui, nous sommes venus ensemble... Mais, dites-moi... retournez-vous à Versailles ?...

LE BARON.

Probablement.

LANSAC.

Eh bien ! baron, il vous faut me rendre un service.

LE BARON.

Parlez !

LANSAC.

Voilà : J'aime.

LE BARON.

Ah !

LANSAC.

Oui... j'aime, et très-sérieusement, et je voudrais que celle dont mon cœur est épris...

LE BARON.

N'allez pas plus loin... Laissez-moi deviner. Vous voulez faire savoir à la dame de vos pensées que vous êtes ici, à Vincennes.

LANSAC.

Précisément !... Savez-vous que sans en avoir l'air... vous cachez un fond de perspicacité.

LE BARON.

Oui, je suis très-perspicace... Son nom ?

LANSAC.

Je l'ignore !

LE BARON.

Sa demeure? celle de sa famille ?

LANSAC.

Je n'en sais pas le premier mot.

LE BARON.

Et vous croyez que je m'en vais courir pour vous après une femme dont je ne connais ni le visage, ni le nom, ni la demeure, ni la famille? Ah! mais non,.... je suis perspicace.... mais pas tant que cela!...

LANSAC.

Voilà où est le mérite.... Ah!... attendez!...

LE BARON.

Un indice!

LANSAC.

Oui.... mon idole.... possède un oncle...

LE BARON.

Ah!... et...

LANSAC.

Je ne le connais pas, je ne l'ai jamais vu et j'ignore complétement son nom! Mais je me suis fait renseigner sur cet oncle par la nièce elle-même et j'ai tout lieu de conclure que c'est un vieillard très-entêté,... ridicule.

LE BARON, cherchant.

Voyons donc!... un vieillard, à la cour de Versailles... assez entêté.

LANSAC.

Non, très-entêté.

LE BARON, cherchant.

Oui, très-entêté et ridicule... Je ne vois pas cela d'ici.

LANSAC.

D'ici? non... mais là-bas... vous trouverez!

LE BARON.

Bien, bon... j'admets que je le trouve... et puis après, que lu dirai-je?

LANSAC.

Vous lui direz, votre nièce aime M. de Lansac, M. de Lansac aime votre nièce...

LE BARON.

Ils s'aiment tous les deux!

LANSAC.

J'allais le dire. (Continuant.) Un obstacle empêchait leur union, l'obstacle est levé. M. de Lansac ne possédait ni fortune, ni place, ni dignités. Aujourd'hui, M. de Lansac commence sa fortune,... il a une place...

LE BARON.

Ah! bah!

LANSAC.

Il est gouverneur du donjon de Vincennes.

LE BARON.

Comment, vous voulez que je mente à ce vieillard que je vois pour la première fois, et que je lui dise que vous êtes gouverneur... quand vous êtes prisonnier?

LANSAC.

Non, gouverneur!

LE BARON.

Non, prisonnier!... Chanteloup gouverneur.

LANSAC.

Non... Vous confondez... Chanteloup prisonnier, moi gouverneur!

LE BARON.

C'est trop fort ! (A Chanteloup qui entre.) Ah ! vous voilà ! vous arrivez bien pour élucider une question.

SCÈNE IV

LES PRÉCÉDENTS, CHANTELOUP.

CHANTELOUP.

Laquelle ?

LE BARON.

Voici...

LANSAC, l'arrêtant.

Non, pardon... (A Chanteloup.) Dis-moi, cher ami, tu n'as sans doute pas la folle prétention de me faire passer ici, à Vincennes, pour un prisonnier d'État, et toi d'être investi du commandement de cette forteresse ?

CHANTELOUP.

Pardon... pardon... Tu n'espères pas me faire croire que mon rôle, ici, se borne à être gardé à vue et que c'est toi qu'on a chargé de ce soin.

LANSAC.

Si fait...

CHANTELOUP.

Ah ! mais non ! J'ai ma commission dans ma poche. (Il se fouille. Dépliant sa lettre.) Voilà.

LANSAC, de même.

Voilà !... (Lisant.) Ah ! bah !

CHANTELOUP, de même.

Ah ! bah !

LE BARON, de même.

Gouverneurs tous deux !...

LANSAC.

Ah ! un instant... la preuve que je suis plus gouverneur que toi, c'est que j'ai des instructions toutes spéciales... dans ma lettre de nomination.

CHANTELOUP.

Ah !

LANSAC.

Vois. (Lisant.) « Monsieur de Lansac, gouverneur du château de » Vincennes, a mission de prendre connaissance du papier cacheté » ci-joint. » (Il tire le papier de la lettre.) Voilà ! (Continuant.) « Lorsqu'il » sera dans le fort de Vincennes, investi de son commandement. » (Parlé). Je suis à Vincennes; cette double lettre m'investit du commandement... donc, je suis le maître ici.

CHANTELOUP.

Voyons la lettre !..

LANSAC.

Voyons ! (Il ouvre le papier cacheté.) « Mon cher chevalier ! »

CHANTELOUP.

Qui t'écrit donc ?

LANSAC.

Vois la signature !

CHANTELOUP, lisant.

La comtesse du Barry.

LE BARON, à part.

La favorite !... (Il se découvre).

LANSAC, continuant.

« Vous avez trop de mémoire. Vous vous souvenez un peu trop » des gens qui voudraient vous oublier, si toutefois cela est possi- » ble. (Parlé.) Que veut dire ? (Continuant.) « Vous m'avez demandé » une place, vous l'avez; seulement, elle n'est pas telle que vous la » désiriez. J'ai voulu mettre votre personne à l'abri des créanciers, » et peut-être aussi la mienne à l'abri de vos quolibets.

CHANTELOUP.

Pardon... il y a encore quelque chose. (Il prend la lettre et lit.) « J'ai » commis à votre garde monsieur de Chanteloup, qui est bien réelle- » ment gouverneur de Vincennes, et à qui je recommande d'avoir » pour vous les plus grands égards, comtesse du Barry. » Des égards, j'en aurai, mon ami, sois-en sûr.

LANSAC.

Joué, mystifié ! Et par qui ? Par...

LE BARON.

N'achevez pas, monsieur.., c'est la favorite...

CHANTELOUP.

Elle est honorée des bontés de Sa Majesté, et je ne permettrai pas que devant moi...

LANSAC.

Ah! Chanteloup, tu es mon ami.

CHANTELOUP.

Je ne sais pas trop.

LANSAC, au baron.

Et vous aussi, baron, vous êtes mon ami.

LE BARON.

Jamais! jamais!

LANSAC.

Eh bien! tous deux, toi surtout, Chanteloup... tu vas me rendre un éclatant service...

CHANTELOUP.

Si c'est possible!...

LANSAC.

Très-possible et surtout très-facile...

CHANTELOUP.

Oh!... alors parle!

LANSAC.

Tu vas me laisser sortir d'ici...

CHANTELOUP.

Y penses-tu?

LANSAC.

Je ne pense qu'à cela... car il faut que je la revoie.

CHANTELOUP.

Madame du Barry?

LANSAC.

Non... une autre... un ange... celle que j'aime. J'en parlais tout à l'heure au baron. Je compte sur toi, cher ami.

CHANTELOUP.

Si c'est pour vous en aller d'ici, n'y comptez pas!...

LANSAC.

Comment, moi ? un ami... tu souffrirais ?...

CHANTELOUP.

L'homme est né pour souffrir... et malgré moi je souffrirai que tu restes ici...

LANSAC.

Tu me refuses ?

CHANTELOUP.

Oui... d'abord cela ne t'avancerait à rien, dans deux jours on te fourrerait à la Bastille et moi... je perdrais ma position...

LANSAC.

Eh bien !... (S'avançant vers le fond.) eh ! bien... je me passerai de ta permission... Adieu ! (Il se sauve par le fond.)

SCÈNE V

LE BARON, CHANTELOUP, puis SABINE.

LE BARON.

Mais il se sauve !

CHANTELOUP.

N'ayez aucune crainte ! Pauvre Lansac ! (Riant.) Ah ! ah !... il s'imagine que je n'ai pas pris toutes mes précautions... ah ! ah !

LE BARON.

Ah ! ma nièce. (Sabine entre.)

CHANTELOUP.

Mademoiselle...

SABINE.

Mon oncle, voulezvous me permettre de vous faire une question ?...

LE BARON.

Parlez, ma nièce.

SABINE.

Pourquoi donc m'avoir amenée ici dans cette forteresse... où je vous avoue que les idées les moins riantes se présentent à mon esprit ?

CHANTELOUP.

Vous voulez le savoir ?

SABINE.

C'est uniquement pour cela que je vous le demande.

CHANTELOUP.

Eh bien, mademoiselle, sachez que j'ai obtenu la place d'où votre oncle faisait dépendre mon bonheur... et que maintenant c'est à vous à ratifier...

LE BARON.

Prenez garde ! vous êtes ému, vous allez dire une sottise.

CHANTELOUP.

J'espère que non... Mademoiselle, auprès de vous, mon cœur a appris à épeler le mot amour...

SABINE.

Comment ! vous n'en êtes encore qu'à l'alphabet ?

CHANTELOUP, troublé, et bas au baron.

Ah ! si elle m'interrompt... (Se remettant.) Pardonnez au trouble inséparable d'un premier aveu. Mademoiselle, si vous pouviez lire dans mon cœur... si vous connaissiez... la force de ce sentiment qui... en s'exaltant, par sa puissance même .. n'est pas comparable à... Oh ! non... non. C'est-à-dire... (S'interrompant.) Je crois que je suis mal entré dans ma phrase.

SABINE, riant.

Je le crois.

CHANTELOUP, bas.

Je ne continue pas, j'en sortirais plus mal encore !

SABINE.

Voulez-vous que je continue pour vous ?...

CHANTELOUP.

Oh ! oui... oui ! (A part.) Qu'elle est aimable !

SABINE.

Eh bien ! ce matin, vous n'étiez pas encore nommé au poste que vous occupez maintenant. Ce matin, mon oncle n'était pas encore décidé à me sacrifier. Tout à coup cette place de gouverneur vous arrive. Alors mon oncle se décide. Nous montons en voiture, nous arrivons à Vincennes, et dans cinq minutes le baron d'Antignac va me dire : Ma chère Sabine, Chanteloup a une place, Chanteloup est bien en cour, voici le moment de te sacrifier, je te le donne pour époux...

LE BARON.

C'est à peu près ma rédaction.

CHANTELOUP.

Le mot *sacrifié* est peut-être de trop!...

LE BARON.

Et à cela que répondez-vous, ma nièce?

SABINE.

Je répondrai ceci, mon oncle : Monsieur Chanteloup est gouverneur du donjon de Vincennes, mais monsieur le baron d'Antignac n'est pas chevalier des ordres du roi.

LE BARON.

Elle a raison!

CHANTELOUP.

Allons, bon! encore ces maudits ordres.

SABINE.

Et comme deux conditions sont attachées à mon mariage avec monsieur de Chanteloup, que ces deux conditions sont, une place d'abord, les ordres du roi ensuite; vous n'avez rempli que la première; obtenez la seconde, et j'obéirai.

CHANTELOUP.

Mais, mademoiselle..

SABINE, appuyant.

Obtenez la seconde... et j'obéirai.

CHANTELOUP.

Eh bien! oui... baron... vous serez nommé... où j'y perdrai plutôt ma place... c'est-à-dire non... cela serait encore à recommencer... Venez, baron... je vais écrire à madame du Barry. (Saluant.) Mademoiselle... permettez-moi d'espérer... que...

LE BARON, à part.

Prenez garde... vous allez vous embrouiller.

CHANTELOUP, à part.

Oui, je crois que je suis encore mal entré dans cette phrase Eh. (Haut.) Mademoiselle... permettez-moi d'espérer... permettez-moi d'espérer. (Il sort en saluant par le fond, en compagnie du baron.)

SCÈNE VI

SABINE, seule.

M. de Chanteloup peut espérer tant qu'il voudra, mais à coup sûr mon oncle aura beau espérer les ordres du roi, il ne les aura jamais!... Car, moi aussi... j'ai intrigué auprès de madame du Barry, et elle a eu la bonté de me promettre de ne jamais laisser nommer mon oncle... Elle a même ajouté qu'elle m'octroyait d'autant plus volontiers cette faveur que c'était la première fois qu'on la priait de ne rien accorder.

SCÈNE VII

SABINE, LANSAC.

LANSAC, revenant par le fond.

Impossible!... des gardes à chaque porte!... Ah! cette fenêtre... (Il va à la fenêtre de gauche.) Garnie de barreaux!... (Se retournant.) Ah!

SABINE.

Vous?

LANSAC.

Ah! je vous revois...

SABINE.

Comment vous trouvez-vous ici?...

LANSAC.

Je suis prisonnier.

SABINE.

Prisonnier!

LANSAC.

Tout à l'heure je voulais fuir... j'ai trouvé sur mon passage des grilles de fer, des portes de fer, des hommes de fer... Mais je bénis ces obstacles, car ils m'ont forcé de revenir ici... où je vous retrouve... vous que j'aime tant, vous... que... Votre nom, s'il vous plait?

SABINE.

Vous le saurez plus tard... l'important est...

LANSAC.

De sortir d'ici?

SABINE.

Non, mais de savoir pourquoi vous y êtes.

LANSAC.

Je n'en sais rien.

SABINE.

Vous passez votre vie à ne jamais rien savoir.

LANSAC.

Oh ! il y a une chose que je sais bien et que vous savez aussi.... c'est que je vous aime... Et moi qui maudissais ma prison, quand vous êtes ici près de moi!

SABINE.

Attendez !... il me vient une idée.

LANSAC.

Parlez.

SABINE.

Laissez-moi faire. (A elle-même.) Le roi, m'a-t-on dit tout à l'heure, chasse à Vincennes... sans doute madame du Barry le rejoindra... c'est cela.

LANSAC.

Ah !... et vous reverrai-je ?

SABINE.

Je ne sortirai pas d'ici....

LANSAC.

Ni moi non plus !

SABINE.

Adieu !

LANSAC.

Non, au revoir. (Sabine sort par la droite.)

SCÈNE VIII

LANSAC, puis CHANTELOUP.

LANSAC.

Oh !... il me semble que je nage dans un océan de félicités.... (A Chanteloup.) Ah ! mon ami....

CHANTELOUP.

Quoi donc ?

LANSAC.

Laisse-moi t'embrasser.

CHANTELOUP.

Je le veux bien...

LANSAC.

Elle est ici.

CHANTELOUP.

Qui ?

LANSAC.

Elle.

CHANTELOUP.

Qui, elle ?

LANSAC.

Celle que j'aime...

CHANTELOUP.

Comment ?... son nom ?...

LANSAC.

Je n'en sais rien... mais n'importe... elle est belle, elle est bonne, aimable, elle a un oncle... mais elle s'en moque... J'ai un rival... mais je m'en moque... aussi...

CHANTELOUP, à part.

J'ai peur de comprendre. (Haut). Et où l'as-tu vue ?

LANSAC.

Ici, là, dans cette pièce, tout à l'heure.

CHANTELOUP, à part.

Plus de doute... c'est Sabine !... Diable !... diable !...

LANSAC.

Tu dis !

CHANTELOUP.

Rien... je réfléchis...

LANSAC.

A quoi?

CHANTELOUP.

Laisse-moi. (A lui-même.) Voyons donc, voyons donc !... Comme rival il est dangereux... et Sabine qui l'a vu ici... peut le revoir encore.

LANSAC.

As-tu fini ?

CHANTELOUP.

Pas encore... (A lui-même.) Que faire? Quelle idée ! Si, comme il le désirait, je le faisais sortir d'ici...

LANSAC.

Eh bien ?

CHANTELOUP, haut.

Eh bien, cher chevalier, ton bonheur m'a touché ; et sais-tu ce que je combinais à part moi ?

LANSAC.

Non...

CHANTELOUP.

Je me disais : c'est mon ami, Lansac, c'est mon plus cher ami; tout à l'heure il manifestait un désir... et j'ai eu la cruauté de n'y point condescendre.

LANSAC.

Eh bien?

CHANTELOUP, bas et avec mystère.

Eh bien maintenant je te dis... à toi... Lansac... Tu n'es plus prisonnier... va-t'en.

LANSAC, de même.

Je refuse.

CHANTELOUP, de même.

Ah! bah!... (A part.) Il n'a pas compris! (Haut.) Je te dis : Lansac, sors d'ici... tu n'es plus prisonnier. Va-t'en, va-t'en.

LANSAC, de même.

Merci, âme généreuse, mais je repousse tes offres...

CHANTELOUP, de même.

Comment?

LANSAC, de même.

Moi, t'exposer à te faire perdre ta place, jamais!

CHANTELOUP, de même.

Ça m'est égal!

LANSAC, haut.

Mais, moi, ça ne m'est pas égal!

CHANTELOUP.

Quoi! j'aurai un ami dans une prison, je pourrai l'en tirer et tu crois que je souffrirai...

LANSAC.

L'homme est né pour souffrir...

CHANTELOUP.

Ah! je pourrais t'obliger à t'en aller...

LANSAC.

Du tout... je suis prisonnier, j'ai le droit de rester en prison... Je suis libre de refuser ma liberté. Je tiens à mes prérogatives.

CHANTELOUP, exaspéré.

Mais quel entêté... qu'est-ce?

LE DOMESTIQUE, entrant.

Le dîner de monsieur le gouverneur.

CHANTELOUP.

C'est bien... (A Lansac.) Ah! tu as le fanatisme de la prison, je t'en ferai revenir...

LANSAC.

Oui, mais pas sortir.

CHANTELOUP.

C'est ce que nous verrons.

LANSAC.

Nous verrons. (Chanteloup sort par le fond.) Moi quitter ces lieux?

abandonner ces murs hospitaliers quand elle est si près de moi, jamais... J'espère que je suis en sûreté ici, d'excellents barreaux... de fidèles soldats veillant sous chaque fenêtre... très-bien... Le service est admirablement fait à Vincennes. Je puis être tranquille. (Chanteloup entre mystérieusement.) Bon! on double les postes...

CHANTELOUP, à part.

J'ai réfléchi... Lansac n'ose avouer, par amour propre, son désir d'être libre... J'ai imaginé un moyen subtil, ingénieux et nouveau surtout...

LANSAC, l'apercevant.

Tiens,... déjà!

CHANTELOUP.

Chevalier, j'ai agi comme un croquant.

LANSAC.

Que veux-tu dire?

CHANTELOUP.

Quoi! Je mangerais seul, je boirais seul quand j'ai là.... un camarade, un frère, oh! fi donc! tu ne me connais pas.

LANSAC.

Explique-toi. (Deux domestiques entrent portant une table servie et sortent.)

CHANTELOUP.

Je fais apporter mon modeste ordinaire et je viens te demander, te supplier, comme une grâce, de le partager avec moi.

LANSAC.

Ma foi, j'accepte.

CHANTELOUP, se mettant à table.

Je ne te cache pas que j'ai un appétit de moine...

LANSAC, se mettant à table.

Et moi pareillement. (Ils se servent.)

CHANTELOUP.

Donne-moi du pain, je te prie. (A part.) Je crois que ce qui va se passer est assez adroit de ma part...

LANSAC, qui a coupé le pain.

Que vois-je dans ce pain?

CHANTELOUP.

Je ne sais.... je ne sais...

LANSAC.

Mais, Dieu me pardonne,... c'est une lime. Eh bien !... mais les prisonniers sont agréablement servis... je te rends cet instrument propre à scier des barreaux... que je veux, que je dois respecter...

CHANTELOUP, à part.

Le coup est manqué !... Il s'entête !

LANSAC, se servant du pâté.

(Il découpe.) Que vois-je dans ce pâté ?...

CHANTELOUP.

Quoi donc ?

LANSAC.

Une échelle de soie... un trousseau de clefs. Décidément tu fais mal ton service.... Vois donc, si j'avais voulu profiter...

CHANTELOUP.

Profite !... je fermerai les yeux.

LANSAC.

Non,... te dis-je ! Ne me tente pas,... je veux rester ici parce qu'elle y est.

CHANTELOUP, à part.

Ah ! c'est ainsi... Eh bien, je vais faire partir l'oncle et la nièce... et lui, je vais le faire gémir sur la paille humide d'un cachot.

LANSAC.

Que m'importe ton cachot !.. j'ai un bon ange qui veille sur moi.

SCÈNE IX

LES PRÉCÉDENTS, SABINE, entrant.

LANSAC et CHANTELOUP.

Sabine !

LANSAC.

Eh bien, mademoiselle ?

SABINE.

Rassurez-vous, nous sommes sauvés : notre placet est aux mains de la comtesse.

CHANTELOUP.

Sans indiscrétion, puis-je savoir...?

SABINE.

C'est indiscret, mais vous saurez tout de même.... La faveur que je sollicite.... c'est la liberté de monsieur. (Elle montre Lansac.)

LANSAC.

Oui, cher vicomte... car c'est elle que j'aime. (Montrant Sabine.)

CHANTELOUP.

Mais, pardon,... pardon,... mademoiselle est ma fiancée.

LANSAC.

Ta fiancée, jamais !...

CHANTELOUP.

Ah ! mais ça n'est plus de jeu.

SCÈNE X

LES PRÉCÉDENTS, LE BARON.

LE BARON, arrivant une lettre à la main.

Ma nièce, une lettre pour vous.

SABINE, la prenant.

Je sais, je sais. (A Lansac.) Votre liberté, sans doute.

LE BARON.

De la favorite ! quel honneur pour ma maison !

SABINE, après avoir parcouru la lettre.

Grand Dieu !...

LANSAC, ramassant la lettre.

« M. le chevalier de Lansac a trop chansonné madame du Barry. » Elle ne pardonne pas surtout un dernier quatrain qu'on lui attribue :

« Par sa faveur, tous les solliciteurs
» Obtiennent tout, etc. »

CHANTELOUP, à part.

Diable ! ma poésie !

LANSAC.

Mais il n'est pas de moi. Il est de toi... Chanteloup !

CHANTELOUP.

Moi... fi donc ! Je le nie ! Je le nie !

LANSAC.

Mais je l'ai dans ma poche...

CHANTELOUP.

Qu'est-ce que cela prouve ?

LANSAC.

Et de ton écriture...

CHANTELOUP, à part.

Aïe ! Aïe ! (Haut et regardant). Ça... ça n'est pas mon écriture.

LANSAC.

C'est ce que nous verrons... on la comparera avec l'écriture de ton placet, envoyé ce matin à Versailles à M. du Barry.

CHANTELOUP, tombant accablé.

Je suis perdu !... Baron... je n'ai confiance qu'en vous.

LE BARON.

Vous êtes sur la pente d'une disgrâce, je vous abandonne.

CHANTELOUP.

Vous m'abandonnez !

LE BARON.

C'est mon principe invariable... Venez, ma nièce.

SABINE.

Nous allons éclairer la favorite sur le véritable auteur du quatrain.

CHANTELOUP.

Ah ! mademoiselle !...

LANSAC.

Et tu subiras le sort du malheureux Latude dont tu me parlais tantôt.

CHANTELOUP, effrayé.

Grâce !...

LANSAC.

Un cachot étroit, sombre, humide...

CHANTELOUP.

C'est trop !

LANSAC.

Des geoliers cruels, impitoyables, de l'eau, du pain noir, de la paille...

CHANTELOUP.

Oh ! assez... assez... Mademoiselle ! s'il le faut, je renoncerai à vous, mais ne me perdez pas...

LANSAC, à Sabine.

Faut-il ?

SABINE.

Je crois qu'oui.

LANSAC.

Eh bien ! écoute, vicomte : comme pour te sauver il faut que je reste en prison et que ça me contrarierait ; comme pour avoir ta place, et j'y tiens beaucoup, il faut que tu y renonces, sauve-toi en pays étranger jusqu'à ce que j'aie apaisé la colère de la favorite... Tiens, voilà l'échelle de soie, le trousseau de clefs... le manteau...

CHANTELOUP.

La lime... Oh ! merci ! merci... âmes généreuses... Je vais sur une rive étrangère... (S'arrêtant tout à coup.) Mais, permettez, je fais une réflexion...

LANSAC, et tous.

Laquelle ?

CHANTELOUP.

Provisoirement je suis toujours gouverneur, je n'ai pas besoin de ces accessoires de prisonniers... je puis m'évader par la grande porte...

LANSAC.

C'est juste... il a raison. (Il va à la table.)

SABINE, inquiète.

Que dites-vous ?

LANSAC sonne, un garde paraît au fond.

Monsieur le gouverneur demande sa voiture ?

CHANTELOUP.

C'est cela... Je savais bien...

LANSAC.

Seulement, je t'engage à en profiter au plus vite, et à gagner la frontière avant que la favorite (*Tirant le billet de sa poche.*) ne connaisse le véritable auteur du quatrain...

CHANTELOUP.

Tu as raison... je n'ai pas envie de voir ici lever l'aurore. (*Les gardes paraissent au fond avec un flambeau.*) Et puisque tu as eu la bonté de faire avancer ma voiture, je pars.

SABINE, *heureuse.*

Enfin !...

CHANTELOUP.

Mais sois généreux tout à fait, tu vas être heureux...

LANSAC.

Je l'espère...

CHANTELOUP.

Abrége la durée de mon exil... tu le peux, toi, « le favori de la favorite. »

LANSAC, *vivement.*

Chut !... Bon voyage !

TOUS.

Bon voyage !

FIN

Paris. Imp. de la Librairie Nouvelle, A. Bourdilliat, 15, rue Breda.

www.ingramcontent.com/pod-product-compliance
Ingram Content Group UK Ltd.
Pitfield, Milton Keynes, MK11 3LW, UK
UKHW021032180726
13838UKWH00004B/1742